BEI GRIN MACHT SICH IHR WISSEN BEZAHLT

- Wir veröffentlichen Ihre Hausarbeit, Bachelor- und Masterarbeit

- Ihr eigenes eBook und Buch - weltweit in allen wichtigen Shops

- Verdienen Sie an jedem Verkauf

Jetzt bei www.GRIN.com hochladen und kostenlos publizieren

Markus Mross

Ein Vergleich der unterschiedlichen Darstellung von Humor in der französischen und der deutschen Ausführung des Comics "Asterix bei den Olympischen Spielen"

Examicus Verlag

Bibliografische Information der Deutschen Nationalbibliothek:

Bibliografische Information der Deutschen Nationalbibliothek: Die Deutsche
Bibliothek verzeichnet diese Publikation in der Deutschen Nationalbibliografie;
detaillierte bibliografische Daten sind im Internet über http://dnb.d-nb.de/ abrufbar.

Copyright © 1998 GRIN Verlag GmbH
Druck und Bindung: Books on Demand GmbH, Norderstedt Germany
ISBN: 978-3-656-99128-1

http://www.examicus.de/e-book/185943/ein-vergleich-der-unterschiedlichen-dar-
stellung-von-humor-in-der-franzoesischen

Examicus - Verlag für akademische Texte

Der Examicus Verlag mit Sitz in München hat sich auf die Veröffentlichung akademischer Texte spezialisiert.

Die Verlagswebseite www.examicus.de ist für Studenten, Hochschullehrer und andere Akademiker die ideale Plattform, ihre Fachtexte, Studienarbeiten, Abschlussarbeiten oder Dissertationen einem breiten Publikum zu präsentieren.

Universität Hamburg

Romanisches Seminar

Sommersemester 1998

Professer Willis J. Edmondson

Seminar 1) b): Humor in

der Fremdsprache

Markus Mross

8. Hochschulsemester

Hauptfach Französisch

Nebenfächer Spanisch

und Sprachlehrfoschung

Referat

zum Thema

Die Darstellung von kulturspezifischen Aspekten von
Humor in Comics am Beispiel des Vergleiches der unterschiedlichen
Darstellung von Humor in der französischen Ausführung
und der deutschen Ausführung des Comics
„Asterix bei den Olympischen Spielen"
(„Astérix Aux Jeux Olympiques")

Inhalt

1

1. Zur Begründung des Einsatzes von Humor als Unterrichtsmittel im Fremdsprachenunterricht

1.1. Heribert Walter (1972): Astérix le Gaulois im Fremdsprachenunterricht

1.1.1. Begründung der Unterrichtsreihe

- der Französischunterricht in der Oberstufe, hier gibt es für die Schüler erhebliche Überganggschwierigkeiten, hier soll eine „Einbeziehung des politischen und wirtschaftlichen, litererischen und philosophischen Sprachguts" stattfinden, in dieser Periode besteht ein grobes Mißverhältnis zwischen fremdsprachlichem Können und den intellektuellen Ansprüchen der Schüler, viele können das Passé Simple perfekt, können aber in Frankreich keinen Kaffee bestellen

- hier hilft Asterix, es bietet gutes, modernes Umgangsfranzösisch, die Darstellungsaspekte sind vielgestaltig und damit motivationsfördernd, die literatursoziologische Bedeutung als „nationaler Kleinmythos" fordert eine unterrichtliche Behandlung geradezu heraus, die landeskundlichen Bezüge von Asterix liegen auf der Hand

- Gegenwart und Vergangenheit, die heutigen Bemühungen um klare didaktische Zielsetzungen im frankreichkundlichen Unterricht heben stärker als früher auf die gegenwärtige Zivilisation ab, dies kann nur als Akzentverlagerung weg von einem allzu historisierenden Unterricht verstanden werden, man kann die Aktualität nur wirklich unterrichten, indem man sich der Geschichte teilweise zuwendet, Asterix bietet einen solchen fruchtbaren Kontrast zwischen modernem Text und historischer Thematik

- im Sinne einer notwendigen Ideologiekritik französischer Heldenverehrung kann Asterix gute Dienste leisten, hier kann die geistesgeschichtliche Kontinuität mit ihren Konstanten aufgezeigt, aber auch relativiert werden, durch Sprache und Bild wird eine wohltuende Entmytologisierung betrieben, Klischeekonstanten können aufgezeigt werden, Weckung kritischen Geistes durch „Klischeekunde" ist sicher ein lohnendes Ziel im fremdsprachlichen Unterricht

1.1.2. Thema, Umfang und Material der Unterrichtsreihe

- das Thema kann folgendermaßen umschrieben: das Frankreichbild zwischen Klischee und Geschichte, dabei soll klar werden, daß sich beide Elemente durchdringen

- sprachlich sollen die Bildsituationen als Strukturübungen umgemünzt werden, soweit dies möglich und situativ sinnvoll erscheint, Darstellungstechniken werden versprachlicht, die ihnen entsprechenden Techniken (Bericht, Besprechung, Erzählung) geübt

- Ausgangspunkt zu diesem frankreichkundlichen Zyklus könnte eine in Arbeitsteilung erstellte Analyse der behandelten Lehrbuchlektionen sein, dazu sollen Leitfragen als Untersuchungsrahmen gegeben werden, die den einzelnen Arbeitsgruppen die Richtung weisen, etwa:

a) Legt die Hauptfiguren/-rollen eures Bandes frei.

b) Benennt ihre Berufe und ihre Rollen in der Familie.

c) Wie ist der Ablauf ihres täglichen Lebens, ihrer Lebensweise, welche sind ihre Aktivitäten ?

d) Was sind ihre Hobbys, ihre Wünsche und Träume ?

e) Welches sind ihre hervorspringendsten Charakterzüge ?

f) Welcher sozialen Klasse gehören sie an ?

g) Hebt die Helden in eurem Band hervor und beschreibt ihren Beitrag zur französischen Zivilisation.

h) Unter welchem Aspekt werden das Land, seine geographische Lage, sein Klima und sein eigentümlicher Charakter im Band repräsentiert ?

- die Ergebnisse werden im Fremdsprachenunterricht gesammelt und allen Schülern zugänglich gemacht, alle verfügen über das gesamte Material, Festhalten der vorläufigen Untersuchungsergebnisse in Stichworten

- die ethnologischen Elemente, das ethnologische Dreieck sowie die Frage, was wir jeder dieser Rassen verdanken

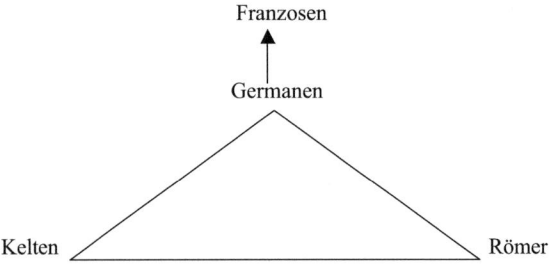

Franzosen

Germanen

Kelten   Römer

- eine Auswahl von Texten, die Informationen über die gallo-romanische Zeit ver-
mitteln, ist notwendig, weil sie die Grundlage für das Verständnis vieler Anspielun-
gen in Asterix bilden, bei umgekehrtem Vorgehen entfallen manche Feinheiten des
Humors, eines „spezifischen französischen Humors"

1.1.3.   Die Behandlung von Astérix le Gaulois
          als Kernstück der Unterrichtsreihe

- Asterix kann anhand des Buches, mit einem Overhead-Projektor, am besten aber
abwechselnd mit beiden durchgenommen werden
- das methodische Vorgehen ergibt sich aus dem jeweiligen Unterrichtsziel, genera-
lisierend kann man folgende Schritte wählen:
1) Klärung vorab mit Wörtern, die bei der Arbeit mit dem Overhead-Projektor be-
   reits vorausgesetzt werden sollte (Tafelanschrieb)
2) Einblendung des Bildes
3) Erfragen der Zusammenhänge, Integration vorher gelernter Zusammenhänge in
   neuen Kontext (Transferwirkung)
4) Eventuelles Ausblenden und Eingabe neuen Materials mit Tafelanschrieb
5) Wiedereinblenden des Bildes mit Aufnahme des neuen Materials
6) Rascher Durchlauf und Wechsel in Zeitgebung (unter Umständen unvollständi-
   ge Wiederaufnahme der Bildserie)
7) Arbeit mit offenem Buch (etwa Dialogisierung)
8) Hausarbeit: Arbeitsteilige Ausgestaltung einzelner kohärenter Bildfolgen
- vor der Behandlung der eigentlichen Bildgeschichte müssen in Klassen mit Französisch als zweiter Fremdsprache einige Erklärungen gegeben werden, asterixtypi-
sche Wörter können leicht als Verballhornungen mit lateinischem Klang erklärt
werden, weiter sollte der Orientierungswortschatz zur Bildbeschreibung vorausgesetzt werden

2.   Ein Vergleich der unterschiedlichen Darstellung

von Humor in der französischen Ausführung und

der deutschen Ausführung des Comics

„Asterix bei den Olympischen Spielen"

(„Astérix Aux Jeux Olympiques")

- Diskussion folgender Leitfragen:

1) Wodurch entsteht Humor in diesem Ausschnitt?

2) Bestehen Unterschiede zwischen unterschiedlichen Ausführungen und wenn ja,
wie sind diese zu erklären? Sprachlich/Kulturell?

2.1.   Ausschnitt 1):

Seite 5-10 in der französischen Ausführung des Comics

„Asterix bei den Olympischen Spielen"

2.1.1.   Die französische Ausführung des Comics

„Asterix bei den Olympischen Spielen"

- Wortspiel im Französischen mit „champignon" und „champion", ein Gallier sam-
melt Campignons in der Nähe des römischen Lagers Aquarium („ ... des champignons du coté d'Aquarium, ils sont bons là-bas ... "), der Gebrauch des Wortes
„champignon" ist eine Anspielung auf den römischen Champion für die Olympischen Spiele, der im römischen Lager Aquarium trainiert, der gallische Druide Miraculix überlegt, wie man Champignons zubereiten soll („Il faut les faire sauter,
les champignons gardent toute leur saveur quand ils sont sautés."), der Gebrauch
der grammatischen Konstruktion „faire sauter" ist wiederum ein Wortspiel im Französischen: a) „faire sauter" bedeutet „in Butter schmoren lassen", diese Bedeutung
bezieht sich auf die Champignons b) „faire sauter" bedeutet auch „sprengen, in die
Luft fliegen, übers Messer springen lassen, diese Bedeutung bezieht sich auf die Ab-
sicht der Gallier, den römischen Champion für die Olympischen Spiele zu besiegen
und somit die Römer zu blamieren, der Gebrauch des Satzes „ ... les champignons
gardent toute leur saveur quand ils sont sautés." ist auch ein Wortspiel im Französischen und auf die Zubereitung von Champignons bezogen „den Geschmack behal-
ten" und auf das Training des römischen Champion bezogen „in Form bleiben, trainiert bleiben", in einem weiteren Bild hat der römische Champion bezüglich seiner
sportlichen Leistungsfähigkeit Minderwertigkeitskomplexe („Je suis un minable."),

der Gebrauch des Wortes „minable" ist im Zusammenhang mit dem Gebrauch der
Wörter „Champion" und „Champignon" ein weiteres Wortspiel im Französischen:
a) auf Champignons bezogen bezeichnet „minable" einen kleinen Champignon b)
auf den römischen Champion bezogen bezeichnet „minable" einen „schäbigen"
Champion, also einen „Pfifferling", dies ist eine weitere Anspielung auf die misera-
ble sportliche Leistungsfähigkeit des römischen Champions, der Humor, welcher
aus den doppelten Bedeutungen aller dieser Wortspiele resultiert, ist kulturspezifisch, da diese Wortspiele nur im Französischen möglich sind

2.1.2.   Die deutsche Ausführung des Comics
              „Asterix bei den Olympischen Spielen"

- diese Wortspiele sind im Deutschen nicht möglich, deshalb kann man die Doppel-
deutigkeit des Gebrauches der Wörter „Champion" und „Champignon" nicht ins
Deutsche übersetzen

2.2.   Ausschnitt 2):
              Seite 22 in der französischen Ausführung des Comics
              „Asterix bei den Olympischen Spielen"

2.2.1.   Die französische Ausführung des Comics
              „Asterix bei den Olympischen Spielen"

- Asterix und Obelix machen sich über die Griechen und deren andersartiges Aus-
sehen lustig, hier resultiert der Humor aus dem Gebrauch von Karikatur, die Griechen und die Gallier sind überspitzt gezeichnet und werden somit klischeehaft dargestellt, der Humor entsteht bildlich aus dem Kontrast dieser Klischees, da der Humor hier nicht aus dem Gebrauch sprachspezifischer Wortspiele resultiert, ist er
auch nicht kulturspezifisch, er ist universal

2.2.2.   Die deutsche Ausführung des Comics
              „Asterix bei den Olympischen Spielen"

- da das Verständnis der Karikatur von gallischen und griechischen Klischees in diesem Ausschnitt kein kulturspezifisches Hintergrundwissen seitens des Lesers erfordert, resultiert auch in der deutschen Ausführung Humor aus dem Kontrast der behandelten Klischees

2.3.   Ausschnitt 3):

Seite 25 in der französischen Ausführung des Comics

„Asterix bei den Olympischen Spielen"

2.3.1.   Die französische Ausführung des Comics

„Asterix bei den Olympischen Spielen"

- Karikatur des Massentourismus auf der Akropolis in Athen, die Gallier schauen

sich die Akropolis an und wissen nicht so recht, was sie damit anfangen sollen, da

sie mit der griechischen Kultur nicht vertraut sind, versuchen sie, eigene kulturelle

Werte und Vorstellungen aus Gallien auf die Akropolis und auf die griechische Ar-

chitektur und Kultur zu übertragen, die Griechen werden graphisch und sprachlich

gegenüber dem Nationalheiligtum und Kulturdenkmal der Akropolis als kulturlose

Barbaren dargestellt, Obelix ist gelangweilt und sucht nach Hinkelsteinen, der gal-

lische Schmied will sich ein Bild auf eine Vase als Souvenir malen lassen, wie in

Ausschnitt 2) resultiert auch in Ausschnitt 3) der Humor aus dem Gebrauch von Ka-

rikatur, die Griechen und die Gallier sind überspitzt gezeichnet und werden somit

klischeehaft dargestellt, der Humor entsteht bildlich aus dem Kontrast dieser Kli-

schees, da der Humor hier nicht aus dem Gebrauch sprachspezifischer Wortspiele

resultiert, ist er auch nicht kulturspezifisch, er ist universal

2.3.2.   Die deutsche Ausführung des Comics

„Asterix bei den Olympischen Spielen"

- da das Verständnis der Karikatur von gallischen und griechischen Klischees in die-

sem Ausschnitt kein kulturspezifisches Hintergrundwissen seitens des Lesers erfor-

dert, resultiert auch in der deutschen Ausführung Humor aus dem Kontrast der be-

handelten Klischees des Massentourismus

2.4.   Ausschnitt 4):

Seite 38 in der französischen Ausführung des Comics

„Asterix bei den Olympischen Spielen"

2.4.1.   Die französische Ausführung des Comics

„Asterix bei den Olympischen Spielen"

- Einzug der griechischen Athleten in die Arena des olympischen Stadiums und Er-
öffnung der Olympischen Spiele, die Karikatur des Aussehens der griechischen
Athleten hebt einen Kontrast zwischen den stolzen Samothrakern und dem „Koloss" von Rhodos hervor, welcher graphisch als ein Riesenbaby und als plump
und dumm dargestellt wird, Andeutung, daß die Brüder eine noch viel schreckli-
chere Mutter haben müssen, wie in den Ausschnitten 2) und 3) resultiert auch in
Ausschnitt 4) der Humor aus dem Gebrauch von Karikatur, die Samothraker und
der „Koloss" von Rhodos sind überspitzt gezeichnet und werden somit klischeehaft dargestellt, der Humor entsteht bildlich aus dem Kontrast dieser Klischees,
da der Humor hier nicht aus dem Gebrauch sprachspezifischer Wortspiele resultiert, ist er auch nicht kulturspezifisch, er ist universal

2.4.2.   Die deutsche Ausführung des Comics

„Asterix bei den Olympischen Spielen"

- da das Verständnis der Karikatur von unterschiedlichen griechischen Klischees in
diesem Ausschnitt kein kulturspezifisches Hintergrundwissen seitens des Lesers erfordert, resultiert auch in der deutschen Ausführung Humor aus dem Kontrast der
behandelten Klischees

2.5.   Ausschnitt 5):

Seite 38 in der französischen Ausführung des Comics

„Asterix bei den Olympischen Spielen"

2.5.1.   Die französische Ausführung des Comics

„Asterix bei den Olympischen Spielen"

- die gallischen Fans nehmen ihre Zuschauerplätze auf der Tribüne des olympischen Stadions ein, die Karikatur des Aussehens der griechischen und der gallischen Fans in der „Vorher-/Nachher-"Darstellung hebt einen Kontrast zwischen griechischen und den gallischen Fans hervor, die griechischen Fans werden graphisch als stumm und regungslos oder würdevoll und die gallischen Fans werden graphisch als laut, fröhlich und hemmungslos dargestellt, wie in den Ausschnitt 2), 3) und 4) resultiert auch in Ausschnitt 5) der Humor aus dem Gebrauch von Karikatur, die griechischen Fans und die gallischen Fans sind überspitzt gezeichnet und werden somit klischeehaft dargestellt, der Humor entsteht bildlich aus dem Kontrast dieser Klischees, da der Humor hier nicht aus dem Gebrauch sprachspezifischer Wortspiele resultiert, ist er auch nicht kulturspezifisch, er ist universal

2.5.2.   Die deutsche Ausführung des Comics

„Asterix bei den Olympischen Spielen"

- da das Verständnis der Karikatur von unterschiedlichen Klischees der griechischen Fans und der gallischen Fans in diesem Ausschnitt kein kulturspezifisches Hintergrundwissen seitens des Lesers erfordert, resultiert auch in der deutschen Ausführung Humor aus dem Kontrast der behandelten Klischees

11

2.6.   Ausschnitt 6):

Seite 44 in der französischen Ausführung des Comics

„Asterix bei den Olympischen Spielen"

2.6.1.   Die französische Ausführung des Comics

„Asterix bei den Olympischen Spielen"

- ein griechischer Hahn schreit morgens im Stall, um die olympischen Athleten zu

wecken, der Hahn schreit „kyrillisch", die Karikatur der Schrift in den Sprechbla-

sen der Charaktäre im Comic (kyrillische Schrift und nicht-kyrillische Schrift)

hebt einen Kontrast zwischen den Griechen einerseits und den Galliern und Rö-

mern andererseits hervor, wie in den Ausschnitt 2), 3), 4) und 5) resultiert auch

in Ausschnitt 6) der Humor aus dem Gebrauch von Karikatur, die Griechen einer-

seits und die Gallier und Römer andererseits sind überspitzt gezeichnet und wer-

den somit klischeehaft dargestellt, der Humor entsteht bildlich aus dem Kontrast

dieser Klischees, da der Humor hier nicht aus dem Gebrauch sprachspezifischer

Wortspiele resultiert, ist er auch nicht kulturspezifisch, er ist universal

2.6.2.   Die deutsche Ausführung des Comics

„Asterix bei den Olympischen Spielen"

- da das Verständnis der Karikatur von Griechen einerseits und Galliern und Römern

andererseits in diesem Ausschnitt kein kulturspezifisches Hintergrundwissen seitens

des Lesers erfordert, resultiert auch in der deutschen Ausführung Humor aus dem

Kontrast der behandelten Klischees

2.7.   Ausschnitt 7):

Seite 47 - 48 in der französischen Ausführung des Comics

„Asterix bei den Olympischen Spielen"

2.7.1.   Die französische Ausführung des Comics

„Asterix bei den Olympischen Spielen"

- Wortspiel im Französischen mit „langue" (Zunge) und „langue" (Sprache), die römischen Athleten sind des Dopings überführt worden, sie hatten vorher allesamt
von dem Zaubertrank getrunken, den Miraculix heimlich zubereitet hat, allerdings
hat Miraculix auch blaue Farbe in den Zaubertrank gemischt, Asterix streckt den
römischen Athleten nach derem vermeintlichen Sieg im Wettlauf die Zunge raus
und beschuldigt sie des Dopings, die römischen Athleten strecken ihm auch die
Zungen raus, diese sind allesamt blau, die römischen Athleten werden allesamt dis-
qualifiziert, der Gebrauch des Wortes „langue" impliziert eine doppelte Bedeutung
diese Wortes, von den römischen Athleten gebraucht bezieht sich „langue" auf deren Zungen, die römischen Athleten fragen sich, ob ihre Zungen blau bleiben werden („ ... notre langue va rester bleue ?"), vom römischen Zenturio benutzt bezieht
sich „langue" auf die lateinische Sprache, der römische Zenturio fragt sich, ob das
Latein als Sprache aussterben oder überleben wird („Je souhaite que notre langue
reste une langue vivante!", der letztere Gebrauch des Wortes „langue" ist eine Anspielung auf das Aussterben der lateinischen Sprache und auf den Untergang des
römischen Reiches, welcher hier synonymisch für die Disqualifikation und die Nie-
derlage der römischen Athleten bei den olympischen Spielen steht, der Humor, der
aus der doppelten Bedeutung des Wortes „langue" resultiert, ist kulturspezifisch,
da dieses Wortspiel nur im Französischen möglich ist

2.7.2.   Die deutsche Ausführung des Comics

„Asterix bei den Olympischen Spielen"

- dieses Wortspiel ist im Deutschen nicht möglich, deshalb kann man die Doppel-
deutigkeit des Gebrauches der Wörter „langue" (Zunge) und „langue" (Sprache)
nicht ins Deutsche übersetzen

3. Bibliographie

- Hochstein-Peschen, R. (1979). Spaß und Wissen mit Astérix und den „Schtroumpfs",

   in: Zielsprache Französisch 4, S. 153 - 159.

- Walter, Heribert (1972). Astérix le Gaulois im Französischunterricht, in:

   Französisch Heute 3, S. 130 - 141.

- Uderzo, A. & R. Goscinny (1978). Astérix Aux Jeux Olympiques: Dargaud,

   S. 5 - 10/22/25/38/44/47 - 48.